Das Geheimnis des Vorwärtskommens

besteht darin, den ersten Schritt zu tun.

(Mark Twain)

Zur Person:

Mechthild Tammena

Zuletzt beruflich als Rektorin tätig

Co-Autorin der Broschüre
Der Fall Koch   Eine rechtsradikale Karriere in der Provinz

Herausgeberin der Broschüre
Ein Name hat ausgedient! Eine kommentierte Dokumentation zur
Umbennung der Von-Lettow-Vorbeck-Kaserne in
Evenburg-Kaserne Leer

Co-Autorin des Autorenteams Leer
Wir können auch anders - Unternehmen Ruhestand

Mechthild Tammena

Der Camino - Eine Welt für sich

Pilgertour von Ponferrada nach Santiago de

Compostela

Impressum

© 2021 Mechthild Tammena
Umschlag, Illustration: Wolfgang Kellner
Lektorat: Anemone Hehl

Verlag & Druck: tredition GmbH, Halenreie 40-44, 22359 Hamburg

ISBN
Paperback   978-3-347-23383-6 (Paperback)
Hardcover   978-3-347-23384-3 (Hardcover)
e-Book   978-3-347-23385-0 (e-Book)

Inhalt

Vorbemerkung

Das vorliegende Buch ist kein Reiseführer, der die Orte, die Kirchen und die Gegenden am Camino - dem Pilgerweg nach Santiago de Compostela – ausführlich beschreibt. Entsprechendes Lesematerial lässt sich zur Genüge finden.

Vielmehr berichte ich hier über „meinen Camino", über meine Erlebnisse während des Pilgerns. Die kleinen, ganz unspektakulären Dinge, die sich mir am Wegesrand oder auf dem Weg boten, stehen hier im Fokus. Diese Eindrücke, die das Pilgern so besonders und einzigartig machten, ließen keinen Zweifel darüber aufkommen, dass der Camino „eine Welt für sich" ist.

Mein Mann, Wolfgang Kellner, hat die Fotos vom Camino eingefügt und die Gestaltung des Buches übernommen.

Vorbereitung des Pilgerweges

Ein Jahr vor dem Ruhestand reifte in mir der Entschluss, den Pilgerweg nach Santiago de Compostela zu gehen, den Weg, den Hape Kerkeling in seinem Buch „Ich bin dann mal weg" beschrieben hat. Es gibt viele Pilgerwege, die nach Santiago führen – etwa den Küstenweg, den spanischen und den portugiesischen. Doch sie alle sind bestimmt nicht so stark frequentiert wie der Camino francés, der in den Pyrenäen beginnt und nach achthundert Kilometern in Santiago endet. Trotzdem stand für mich von Anfang an fest, dass ich, sollte ich tatsächlich pilgern, diesen Weg gehen würde – den bekanntesten Pilgerweg Europas. Ich hatte sowohl das Buch von Hape Kerkeling gelesen als auch die Verfilmung gesehen und wollte mir nun selbst ein Bild davon machen.

Schon während meiner sechzehn Jahre währenden Tätigkeit als Schulleiterin einer Grundschule hatte die Idee in mir geschlummert. Man könnte annehmen, dass die Sommerferien für ein solches Vorhaben genügen. Doch als Schulleiterin hatte ich auch in den Ferien präsent zu sein, zumal die Angelegenheiten für das neue Schuljahr organisiert werden mussten. Wäre ich ungeachtet dessen gelaufen, hätte ich einen Zeitdruck verspürt, den ich mir nicht auferlegen wollte. Somit habe ich das Pilgern in der Zeit meines Schuldienstes nicht weiter verfolgt, es aber nie aus den Augen verloren.

Warum ich den Weg gehen wolle, wurde ich oft gefragt, häufig begleitet von der Assoziation „Bist du religiös?"

Ich bin zwar im katholisch geprägten Emsland aufge-
wachsen, allerdings zum Leidwesen meiner Eltern mit
siebenundzwanzig Jahren aus der Kirche ausgetreten, da
ich mit verschiedenen durch diese Institution vermittelten
Einstellungen nicht einverstanden war. Die meisten Kirchen empfinde ich als zu prunkvoll, doch wenn ich auf
Reisen bin, besuche ich aus kulturellem Interesse auch
Gotteshäuser.

Ich glaube nicht an die Dreifaltigkeit und auch nicht an
die Geschichten aus dem Alten und Neuen Testament.
Da halte ich es mit dem Theologen Ernst Axel Knauf, der
im Rahmen eines Spiegel-Interviews 2014 erklärte: „Die
Bibel ist wie ein Museum, das großartige Stücke aus
1000 Jahren Geschichte enthält, aber die wenigsten sind
beschriftet, und bei manchen sind die Erklärungen ver-
tauscht."

Warum also pilgern? Im Kirchenlatein bezeichnet
„Pelegrinus" eine Person, die aus Glaubensgründen in
die Fremde zieht, zumeist, indem sie eine Wallfahrt zu
einem Pilgerort unternimmt. Das Ziel ist ein als heilig be-
trachteter Ort, etwa eine Wallfahrtskirche, ein Tempel
oder ein Baumheiligtum.

Heutzutage – und hier liegt der Grund für mein großes
Interesse – wird auch aus nicht-religiösen Gründen gepilgert, einfach, um der Natur nah zu sein. Ich verband mit
dem Pilgern die Vorstellung, den Alltag hinter mir lassen
und mich auf mich selbst konzentrieren zu können.

Zudem war ich schlichtweg neugierig auf das Pilgern. Ich
hatte so viel in den Medien gehört und gesehen, dass es

mich reizte, es einmal auszuprobieren. Viele wollen durch das Pilgern eine Krankheit oder einen Schicksalsschlag aufarbeiten. Davon war ich weit entfernt. Vielmehr beschreibt Offenheit für etwas Neues meine Haltung. Ich empfand das Pilgern überdies als einen guten Einstieg in meinen Ruhestand.

Weiter war ich gespannt, ob ich die Herausforderungen, die sich ergeben würden, überhaupt bewältigen konnte. Hatte ich Lust, jeden Tag zu laufen? Würde ich die Strecken, die ich mir vorgenommen hatte, schaffen? Würde es mir gefallen, allein unterwegs zu sein?

Mein Mann war von der Idee begeistert. Er selbst wollte nicht laufen, sondern den Weg mit dem Rad zurücklegen und die Gegend auf diese Weise erkunden. Er meldete sich zu einem Spanisch-Kurs an der Volkshochschule an und wir versuchten, uns zumindest auf dieser Ebene auf Santiago de Compostela einzustellen. Ich befasste mich mit gängigen Redewendungen, die mir – so meine Annahme – bei meiner Wanderung behilflich sein könnten: Qué tal? De donde eres? Como te llamas? Espanol no hablo. No entiendo nada!

Alle weiteren Vorbereitungen schob ich weit weg, denn ich wollte mich auf mein Abschlussjahr in der Schule konzentrieren.

Doch dann war es soweit. Der letzte Tag in der Schule war überstanden, alles war auf- und weggeräumt. Nach einem letzten Treffen mit dem Kollegium konnten die Vorbereitungen für den Camino beginnen.

In der Auseinandersetzung mit dem Pilgerweg wurde mir schnell bewusst:

- Ich wollte nur eine Teilstrecke laufen. Bislang war ich nicht mehr als zwanzig Kilometer am Tag gewandert.

- Schweres Gepäck wollte ich vermeiden. Ein kleiner Rucksack sollte genügen.

- Auf keinen Fall wollte ich in einem Sechs- oder Achtbettzimmer mit mir fremden Menschen schlafen, die womöglich des Nachts schnarchen oder sonstige Geräusche von sich geben.

Auf Basis dieser Überlegungen entschied ich mich für eine Wanderung light oder soft. Das reichte mir, denn selbst eine solche Version würde durchaus eine Herausforderung für mich werden.

Ich besorgte mir Wanderschuhe, Wandersocken und einen Schrittzähler, der mir sowohl die gelaufenen Kilometer wie auch die verbrauchten Kalorien anzeigen würde. Die neu erworbenen Utensilien erprobte ich auf Strecken in der Umgebung. Es klappte besser als erwartet: Keine Druckstellen an den Füßen, keine Konditionsschwierigkeiten und keine Probleme, allein zu laufen.

Nach einem intensiven Studieren der Karten beschlossen wir, in der Stadt Ponferrada zu starten. Sie liegt in der spanischen Provinz Kastilien. Wie das benachbarte Galicien ist sie dünn besiedelt. 27 EinwohnerInnen auf einen Quadratkilometer sind hier vorzufinden. Ostfriesland, meine Heimat, das mit 148 EinwohnerInnen pro Quadratkilometer unter dem Bundesdurchschnitt liegt, könnte im Vergleich dazu fast als dicht besiedelt angesehen werden. Umso mehr erstaunt es, dass Kastilien seit dem Mittelalter die Geschichte Spaniens wie keine andere Region bestimmt. Castellano, die kastilische Sprache, wurde zum eigentlichen Spanisch.

Ponferrada ist knapp 250 Kilometer von Santiago de Compostela und ungefähr 2000 Kilometer von Leer entfernt. Zwei Tage mussten wir für die Hinfahrt einkalkulieren. Wir hatten zudem die Absicht, Unterkünfte in größeren Ortschaften in der Nähe des Caminos für je drei oder vier Nächte zu buchen. Das brachte den Vorteil mit sich, dass mein Mann tagsüber seinem Wunsch nachgehen konnte, die Gegend zu erkunden, und abends konnten wir die Stadt zum Bummeln oder Essengehen nutzen. Unser Plan sah vor, dass ich von der Unterkunft aus starte, mein Mann mich nachmittags nach meiner Wanderung zurückfahren und mich am nächsten Morgen an der Stelle wieder absetzen würde, an der er mich tags zuvor abgeholt hatte. Pro Tag hatte ich ungefähr fünfundzwanzig Kilometer eingeplant. Drei Zusatznächte in Santiago und im Anschluss zehn Tage an der Küste in Fisterra kamen hinzu. Ich wollte es mir offen halten, von Santiago aus weiter nach Fisterra zu laufen.

Die klimatischen Bedingungen berücksichtigend, sollte es im September losgehen.

Je näher der Abreisetag rückte, desto mehr Fragen taten sich auf, die mich um manche Stunde Schlaf brachten: Habe ich wirklich Lust, jeden Tag zu wandern? Macht mein Mann alles mit? Ist es vielleicht zu langweilig für ihn? Ist das überhaupt eine gute Idee?

Aber es war alles organisiert und ich wollte nicht mehr zurückrudern. Die Vorfreude auf das uns bevorstehende Abenteuer machte alle Bedenken zunichte.

Nicht nur ich, auch mein Umfeld machte sich Gedanken um meine Wandertour. Meine Freundin hatte einen Film gesehen, der zeigte, wie ein Mann einer ohne Begleitung wandernden Frau heftig zugesetzt hatte. Sie empfahl mir dringend, Pfefferspray oder ein anderes Verteidigungsmittel einzuplanen. Das lehnte ich dankend ab.

Ein Bekannter brachte mir sein Wundermittel gegen schmerzende Füße, das ich zu meiner „Fuß-Apotheke" legte.

Am letzten Tag vor der Abreise schaute meine Nachbarin, eine passionierte Läuferin, bei uns vorbei, und was hatte sie für mich dabei? Pfefferspray! Das sollte nun wohl so sein! Somit steckte ich es ein. Nun konnte mir nichts mehr passieren.

Das Auto wurde in der Werkstatt einem letzten Check unterzogen. Danach ging es ans Packen: Ein Fahrrad plus Zubehör, mein Rucksack, meine Wanderschuhe, meine „Fuß-Apotheke", eine Kiste mit Getränken, Nussmischungen und Mandelriegel, die Tasche für die Hotelaufenthalte und den Koffer für den Urlaub nach dem Camino kamen mit.

Schließlich hieß es, sich von den Kindern und Freunden zu verabschieden. Das Haus war aufgeräumt, der Gärtner bestellt, die Zeitung abbestellt. Und auch die Katzen waren versorgt, die Vorkehrungen also abgeschlossen. Vier Wochen hatten wir für unsere Tour eingeplant. Und dann brachen wir auf!

Es geht los!

Ende August starteten wir morgens bei dreizehn Grad. 1000 Kilometer hatten wir uns für den ersten Tag vorgenommen. Alles lief gut. Selbst an Paris kamen wir ohne Probleme vorbei. An der Autobahn nördlich von Bordeaux hatten wir eine Unterkunft gebucht. Die Temperaturen luden mit dreißig Grad abends dazu ein, sich draußen auf der Terrasse aufzuhalten. Recht pünktlich ging es jedoch ins Bett.

Nach einem opulenten Frühstück starteten wir in Richtung Ponferrada. Wieder lagen 1000 Kilometer vor uns. Die Fahrt verlief reibungslos. Schon weit vor der Stadt sahen wir Schilder, die auf den Pilgerweg nach Santiago hinwiesen. Wir kamen unserem Ziel näher.

Und dem Navi sei Dank fanden wir auch hier die Unterkunft problemlos. Wir waren angekommen.

Nachdem wir im Hotel alles Notwendige geregelt hatten, ging es in den Ort. Direkt vor dem Eingang unseres Hotels erblickten wir eine Jakobsmuschel, die in den Gehweg eingelassen war. Diese Muschel ist das Zeichen der

Santiago-PilgerInnen. Man brachte sie früher aus Santiago de Compostela mit, um nachzuweisen, dass man die Pilgerreise vollendet hatte. Die Muschel verlieh den PilgerInnen Ansehen und spendete Schutz. Darüber hinaus wurden ihr heilende Kräfte nachgesagt.

Von hier aus sollte ich also am nächsten Tag starten. Ich konnte es noch gar nicht begreifen. Um uns herum saßen Leute in Cafés, andere kamen vom Einkauf oder machten mit den Kindern einen Spaziergang. Von Weitem sah ich einen Mann mit Rucksack, der sich seinen Weg durch den Verkehr bahnte.

Und das sollte mein heiß ersehnter Pilgerweg sein? Alles wirkte so unspektakulär. Meine Vorstellungen, die auf dem Film „Ich bin dann mal weg" basierten, zerschlugen sich. So trivial, wie es hier aussah, hatte ich keine Szene in Erinnerung.

Ponferrada

Ponferrada ist eine Stadt mit knapp 70 000 EinwohnerInnen. Ihr Name geht auf eine einst durch eine mit Eisen verstärkte Holzbrücke, die „Pons Ferratus", zurück. Die Altstadt liegt erhöht und aus der Ferne sieht man die Templerburg, die früher dazu diente, den Jakobsweg abzusichern.

Wir gingen zum Marktplatz. Es war Sonntagabend und wir stießen auf ein Gewimmel von Menschen. Jung und Alt waren auf den Beinen. Wir wollten die Kirche – die

Basilika de la Encina – besichtigen, doch es gelang uns nicht. Schon auf dem Vorplatz stand eine Traube Menschen, die kein Durchkommen zuließ. Fand hier eine Veranstaltung, eine Kundgebung, eine Hochzeit statt? Nein, es war ein ganz normaler Gottesdienst. Unsere Pastoren wären neidisch, wenn sie diese Anteilnahme gesehen hätten. Auch nach dem Gottesdienst stand der Pfarrer auf dem Vorplatz, redete und lachte mit den Menschen.

Was für eine heitere Stimmung! Bedenkt man, dass knapp 95 Prozent der Spanier katholischen Glaubens sind, lässt sich der Andrang besser verstehen.

Bei einem leckeren Essen verfolgten wir das Treiben, und dann ging es zurück zum Hotel. Am nächsten Tag sollte meine Pilgerreise beginnen.

1. Pilgertag: Ein Tag der besonderen Art

Ponferrada - Villafranca del Bierzo

Nach einer unruhigen Nacht standen wir um sieben Uhr auf. Das Frühstück führte uns vor Augen, dass wir in Spanien waren. Gereicht wurden: Orangensaft, eine Tasse Kaffee und ein Toast mit Marmelade oder Tomatencreme. Das war´s. Vielleicht war es ganz gut, dass ich nicht mit vollem Magen das Pilgern begann.
Im Anschluss zog ich meine Wanderkluft an: Wanderschuhe, T-Shirt und einen Skort (Hosenrock). Der Rucksack war prall gefüllt: Zwei Getränkeflaschen, eine Dose Nüsse, eine Banane, Mandelriegel, meine Notfallapotheke, Sonnencreme, Handy, mein Portemonnaie, einen dünnen Pullover, eine Jacke, ein Wollshirt, den Schrittzähler, mein Notizbuch und, nicht zu vergessen, das Pfefferspray sorgten dafür, dass ich gut vorbereitet war.

Ich konnte direkt vom Hotel aus starten. Mein Mann begleitete mich zum Gehweg, machte noch ein Foto von mir, wünschte mir alles Gute, und dann ging es los.

Es war noch früh, sodass die Stadt erst langsam zum Leben erwachte. Die Temperaturen waren angenehm, und so ging ich frohen Mutes los. Nun gut, etwas mulmig war mir zwar, doch ich schob alle negativen Gedanken beiseite.

Für den ersten Tag hatte ich dreißig Kilometer eingeplant. Ich war gespannt, ob ich die schaffen würde.

Die Muscheln auf dem Gehweg leiteten mich. Ich befand mich auf einer Art Ausfallstraße, die schier nicht enden wollte. Weder PilgerInnen noch die Hinweisschilder „Camino de Santiago" waren in Sicht. Sollte das der Pilgerweg sein? Diese öde Strecke? Nachdem ich laut Schrittzähler die ersten acht Kilometer zurückgelegt hatte, fragte ich etwas desillusioniert einen Mann, ob es überhaupt der richtige Weg sei.

„Si, si", erwiderte er lachend, „immer diesen Weg entlang", und er zeigte in die Richtung, die geradeaus weiterführte. Meine Stimmung war nicht gerade auf dem Höhepunkt.

Das änderte sich schlagartig, als ich einen kleinen Ort erreichte, der zwischen Ponferrada und Villafranca del Bierzo gelegen war. Eine Frau lächelte mich an und sagte im Vorbeigehen: „Buen camino!" Der Pilgergruß! Sie hatte mich als Pilgerin erkannt. Ein tolles Gefühl! Als wenn jemand eine Seite im Buch umgeschlagen hatte und nun ein neuer Abschnitt begann. Die öde Wegstrecke war vergessen, und motiviert lief ich weiter. Vor mir sah ich einen jungen Mann mit Rucksack und etwas später am Wegesrand ein zerbeultes Schild mit der Aufschrift „Camino de Santiago". Endlich hatte ich das Gefühl, auf dem richtigen Weg zu sein.

Am Ausgang des Ortes kam ich an einer kleinen Kapelle vorbei. Ich ging hinein und traf dort auf den jungen Mann.

Wir nickten uns zu. Nachdem ich einen kurzen Blick in das Gebäude geworfen hatte, wäre ich schon fast wieder weitermarschiert, wenn mich der Mitpilger nicht auf die Stempelstation aufmerksam gemacht hätte. In der Kapelle befand sich ein Tisch, der mit Info-Material und einem Pilger-Stempel für den Pilger-Pass aufwartete. Dieser weist die Wanderer als Jakobspilger aus. Er bestätigt, dass man auf traditionelle Weise nach Santiago de Compostela gepilgert ist, das heißt, zu Fuß, per Rad, zu Pferd oder neuerdings auch mit dem Rollstuhl. Die Stempel für den Pass erhält man in Kirchen, Behörden und Pilgerunterkünften. Mit Datum und Unterschrift versehen dokumentieren sie, dass der Pilger oder die Pilgerin vor Ort war. Wenn man am Ziel angekommen ist, kann man gegen Vorlage des Pilger-Passes die „Compostela" erhalten. Sie beurkundet die abgeschlossene Pilgerreise.

Der Pilger-Pass muss auch bei Übernachtungen in den öffentlichen Pilger-Herbergen vorgelegt werden. Damit soll verhindert werden, dass Auto-Touristen die Schlafplätze belegen.

In dieser Kapelle hätte ich meinen Pilger-Pass mit dem ersten Stempelabdruck schmücken können. Doch da ich nicht vorhatte, in öffentlichen Herbergen zu übernachten und keinen Wert auf den Pass legte, drückte ich mir stattdessen mein erstes Stempelabzeichen in mein Notizheft.

Und dann ging es weiter. Immer der Straße nach. Wie mir eine Frau versicherte, würde sich der Weg am Ende des Ortes zweigen und durch Weinberge führen.

Mittlerweile war ich gute zwei Stunden unterwegs, und die Temperaturen waren auf fünfundzwanzig Grad gestiegen, sodass ich eine erste Rast einlegte.

Danach ging es in die Weinberge. Wunderbar! Blauer Himmel, die Sonne schien und ich ... war ganz allein auf weiter Flur. Angesichts der Beschreibungen in den mir bekannten Büchern war ich davon ausgegangen, dass man auf dem Camino ständig auf PilgerInnen treffe. Aber hier traf das wohl nicht zu. Es war ein etwas beklemmendes Gefühl, so ganz allein zu laufen, aber ich hielt mir vor Augen: Es war helllichter Tag und die Schilder zeigten mir die Richtung an – ich befand mich auf dem richtigen Weg.

Nachdem ich eine Weile gelaufen war, sah ich von Weitem am Wegesrand in den Weinbergen ein Auto stehen, vielleicht das eines Arbeiters oder des Weinbauers. Als ich näher kam, erkannte ich, dass ein Mann im Auto saß. Ganz kurz überlegte ich: Wo ist das Pfefferspray? Er sprach mich an und ich blieb stehen. Es hätte ja sein können, dass er Hilfe brauchte. Obwohl ich nicht verstand, was er sagte, begriff ich anhand seiner Gestik, dass er mich zu sich ins Auto einlud.

Mittlerweile dem Auto etwas näher, sah ich, dass er nackt war. Ich bin ja nicht mehr die Jüngste und habe in meinem Leben schon mehrere nackte Männer gesehen, doch so unvorbereitet musste ich mir Mühe geben, die Haltung zu bewahren und erst einmal tüchtig durchatmen. Ich wünschte ihm „Buen camino", und weg war ich. Die Hilfe, die er brauchte, konnte ich wohl nicht bieten.

Das fing ja gut an! Ich hatte mit vielem gerechnet, aber dass mir gleich am ersten Tag eine Begegnung dieser Art widerfahren würde, war in keinem Reiseführer nachzulesen gewesen. Während der nächsten Rast verstaute ich mein Pfefferspray in einer der Außentaschen meines Rucksackes, sodass ich es im Notfall schnell zur Hand hätte.

Ich war froh, dass der Mann mir nicht gefolgt war. Der Vorfall war zwar etwas speziell, doch ich kann nicht sagen, dass er mich nachhaltig belastete.

Der Weg hatte mittlerweile die Weinberge verlassen und führte wieder die Straße entlang. Die Sonne zeigte sich von ihrer besten Seite. Lag es an der Hitze oder an der Mittagszeit, dass so wenig Treiben herrschte? Nur ein junges Pilgerpärchen leistete mir Gesellschaft. Beide redeten laut und viel, ließen keine Pause im Gespräch aufkommen. Mal überholte ich sie, dann wieder sie mich. Sie waren freundlich, doch da ich nicht an ihrer Unterhaltung interessiert und es mir zu laut war, ließ ich mich etwas zurückfallen, um in Ruhe den Weg fortsetzen zu können.

Plötzlich lief der junge Mann mit seinem großen, voll bepackten Rucksack in Windeseile los. Erst dachte ich, er wolle seiner Freundin, die zurückblieb, zeigen, wie sportlich er war. Aber dann sah ich, dass sich ein Unfall ereignet hatte. Auch ich beschleunigte mein Tempo. Ein älterer Mann und eine jüngere Frau waren mit dem Motorrad von der Straße abgekommen und im Graben gelandet. Fremdverschulden konnte nicht vorliegen, da kein Auto die Straße passiert hatte. Wir halfen den beiden hoch, schoben das Motorrad auf den Weg und suchten das verstreut herumliegende Zubehör zusammen. Der junge Mann rief im Krankenhaus an, denn die verunglückte Frau schien unter Schock zu stehen. Weil ich nichts weiter auszurichten imstande war, verabschiedete ich mich und setzte meine Wanderung fort.

Noch auf der Straße zeigten mir die Schilder zwei Routen für den Pilgerweg an: Entweder die Straße entlang oder durch die Weinberge.

Im letzteren Fall war es bis zum nächsten Ort, in dem ich mich mit meinem Mann treffen wollte, zwei bis drei Kilometer weiter, als wenn ich die Straßenstrecke gehen würde. Obwohl ich schon zwanzig Kilometer gewandert war, hatte ich das Gefühl, noch recht fit zu sein. Also entschied ich mich für den Weg durch die Weinberge. Ich wanderte zwischen Rebstöcken auf Sand- und Geröllwegen. Die Strecke stieg kontinuierlich an, so dass ich konzentriert und langsam gehen musste. Mittlerweile herrschten gefühlte dreißig Grad, und schnell war die letzte Getränkeflasche ausgetrunken. Bislang hatte es unterwegs genügend Möglichkeiten gegeben, sich etwas zu essen oder zu trinken zu besorgen, weshalb ich mir über meinen Proviant keine Gedanken gemacht hatte. Hier jedoch gab es weit und breit nicht eine Möglichkeit, die Getränkeflaschen aufzufüllen. Der Anstieg und auch die Temperaturen setzten mir zu, sodass ich mehrere kleine Pausen einlegen musste. Ich lernte die erste Lektion: „Trinke an den Ständen und behalte immer eine Flasche in Reserve!"

Ganz kurz zog ich in Erwägung, meinen Mann anzurufen, damit er mich abholte. Doch die Blöße wollte ich mir nicht gleich am ersten Tag geben. Hinzu kam, dass die hier oben in den Weinbergen vorzufindenden engen Sandwege mit dem Navi schwer zu orten gewesen wären.

Endlich sah ich die Kirchtürme von Villafranca del Bierzo. Mein Mann hatte mir geschrieben, dass er in einem Lokal an der Kirche auf mich warte. Der Abstieg in den Ort war auch nicht gerade ein Sonntagsspaziergang, aber nach achtundzwanzig Kilometern hatte ich die Herausforderung bewältigt.

Diese erste Wanderung hatte mich ziemlich gefordert. Zu Hause war ich durchaus Strecken bis zu zwanzig Kilometer gelaufen, allerdings auf flachem Land. Den kontinuierlichen Anstieg war ich nicht gewohnt. Das hatte Auswirkungen auf meinen Kreislauf. Ich kam erschöpft und verstaubt an, doch ich war glücklich, dass ich es trotz aller Besonderheiten, die der erste Pilgertag mir geboten hatte, geschafft hatte.

Meinen Mann fand ich ganz entspannt vor dem Lokal sitzend vor. Es hatte ihm nichts ausgemacht, auf mich warten zu müssen.

Nach einer ausgedehnten Pause und ungefähr einem Liter Flüssigkeit ging es mir schon wieder viel besser. Obwohl der Ort mit seinen alten Adelshäusern, seinen Kirchen und der wuchtigen Burg einen ansprechenden Eindruck machte, verspürte ich nicht das Verlangen, mir hier noch etwas anzusehen. Wir fuhren zurück zum Hotel in Ponferrada. Ausruhen, duschen, die Füße einsalben, und gut war's. Ich war erstaunt, wie schnell ich mich von den Strapazen des Tages erholte.

Abends gingen wir wieder zum Marktplatz. Noch einmal drei Kilometer hoch und wieder zurück – zusätzlich zu den bereits zurückgelegten achtundzwanzig Kilometern.

Vor dem Essen wollte ich noch in die Kirche, doch auch an einem Montag war es nicht möglich, sie zu besichtigen. Es standen zwar keine Menschen auf dem Vorplatz, aber die Bänke im Gebäude waren von Gläubigen besetzt. Da wollte ich nicht stören.

Mein Mann hatte tagsüber den Ort erkundet und ein Lokal für uns ausfindig gemacht. Beim Essen hatte ich nun auch die Muße, ihm ausführlich von meinen Erlebnissen zu berichten. Er machte sich Sorgen, ob mir noch weitere unangenehme Begegnungen bevorstünden und bat mich darum, mich mit dem Gebrauch des Pfeffersprays vertraut zu machen.

Der erste Wandertag war überstanden. Müde und zufrieden fiel ich ins Bett. Die Anspannung war gewichen und ich empfand Zuversicht, ihn zu meistern – meinen Camino.

2. Pilgertag: Auf dem Camino passt es!

Villafranca del Bierzo – La Faba

Wir standen wieder kurz nach sieben Uhr auf. Ein Hinauszögern kam nicht infrage, da ich viel zu gespannt war, wie sich der zweite Pilgertag gestalten würde.

Nachdem wir das spanische Frühstück zu uns genommen hatten, brachte mein Mann mich zu dem Lokal, an dem ich tags zuvor meine Wanderung beendet hatte. Er wollte sich den Ort ansehen und die Gegend mit dem Rad erkunden.

Für den heutigen Tag hatte ich mir fünfundzwanzig Kilometer vorgenommen. Nachdem ich am gestrigen Tag die Dreißig-Kilometer-Marke gekratzt hatte, sollte sich das umsetzen lassen. Aber man weiß ja nie, was einen unterwegs erwartet.

Es herrschten kühle zwölf Grad. Ich zog mein Wollshirt, den Pullover und die Jacke über. Das Wandern brachte den Kreislauf in Schwung, sodass von der Kälte kaum noch etwas zu spüren war.

Die Strecke führte an Straßen entlang, doch die Gehwege waren durch Planken von ihnen getrennt und die Autos somit nicht weiter von Belang. Ich hatte keinen Muskelkater, die Füße waren okay, die Sonne kam langsam durch – alles war gut.

Auf dieser Strecke waren mehr PilgerInnen unterwegs, als es auf der letzten Strecke der Fall gewesen war, sodass ich dieses Mal nicht das Gefühl hatte, allein zu sein. Ich traf auf mehrere Rad fahrende Pilger. Es waren meist junge Männer, die alle nett grüßten. Einige fuhren auf dem Wanderweg, andere nutzten die in Teilen eigens für RadfahrerInnen angelegten Wege. Ich war froh, dass ich den Weg laufen konnte, denn auf den Schotter- und Sandwegen mit dem Rad zu fahren, war bestimmt recht anstrengend.

Hinter mir hörte ich jemanden laut reden. Er musste flotten Schrittes unterwegs sein, denn er kam immer näher. Schließlich hatte er mich eingeholt und begrüßte mich freudig. Es war der Unfallersthelfer von gestern. Sein Handy stellte er leise, um sich mit mir unterhalten zu können. Er berichtete, dass er aus Rumänien komme und seine Freundin aus Frankreich. Gemeinsam wollten sie den gesamten Pilgerweg gehen. Nachdem wir uns voneinander verabschiedet hatten, schaltete er sein Handy wieder lauter, um das Gespräch mit seiner Freundin fortsetzen zu können, die ihn heute nur auf diese Weise begleitete.

Der Weg führte mittlerweile durch einen üppigen Mischwald. Unter den großen Laubkronen war es frisch und kühl, sodass ich trotz der hohen Temperaturen nicht ins Schwitzen kam. Der Waldboden war wesentlich angenehmer für die Füße als das harte Straßenpflaster.

An diesem Tag klappte alles ohne große Probleme. Die Wegweisungen waren optimal angebracht. An jeder Abzweigung fanden sich Schilder mit Muscheln oder einem gelben Pfeil, die die Richtung nach Santiago anzeigten, sodass es kaum möglich war, sich zu verlaufen.

Mein Mann holte mich an der Straße ab, die ich ihm durchgegeben hatte. Und zurück ging es nach Ponferrada. Mit dem Auto war es ein gutes Stück zu fahren. Etwas Stolz empfand ich schon, dass ich diese Strecke gewandert war.

Dann standen erneut duschen und Füße einsalben an. Das Ausruhen konnte ich mir sparen, da ich das Wandern als nicht anstrengend empfunden hatte.

Und wieder ging es in den Ort. Ganz nebenbei: Ich schaffte es erneut nicht, die Kirche näher zu erkunden. Stattdessen trafen wir auf den jungen Mann, dieses Mal in persönlicher Begleitung durch seine Freundin. Als sie mich erkannten, kamen sie zu uns. Die junge Frau überschüttete mich mit Freundlichkeiten, weil ich am vorangegangenen Tag so toll geholfen habe, und fragte mich, ob sie mich an ihr Herz drücken dürfe. Sie hätte locker meine Tochter sein können. Ihr Anliegen empfand ich zunächst als etwas befremdlich, zumal wir einander nicht kannten. Doch was sprach dagegen? Meinen Mann drückte sie gleich mit. Hier auf dem Camino passte es und gehörte wohl zum Gemeinschaftsgefühl der PilgerInnen dazu.

3. Pilgertag: Herausforderung

La Faba – O Cebreiro – Hospital da Condesa

Wir hatten drei Nächte in Ponferrada gebucht. Nun hieß es: Sachen packen und weiterziehen in Richtung Sarria. Unterwegs ließ mein Mann mich an der Stelle aussteigen, an der er mich am Tag zuvor abgeholt hatte. Ich begann meine Tour bei elf Grad.

An diesem Tag wollte ich nach O Cebreiro gehen. Dies war der erste Ort auf der Strecke in Galicien und das höchstgelegene Etappenziel meines Pilgerweges.

Galicien stellt mit seinen rund 2,7 Millionen EinwohnerInnen etwa 6,5 Prozent der spanischen Bevölkerung. Das Gebiet macht knapp sechs Prozent der Gesamtfläche Spaniens aus. In der flächenmäßigen Ausdehnung ist es mit Belgien zu vergleichen. Die fruchtbare, grüne Region grenzt an den Atlantik, sodass ein Meeresklima vorherrscht. Galicien ist das regenreichste Gebiet Spaniens. Zum Glück ist der September meistens niederschlagsfrei, doch im Dezember können es - laut Wikipedia - schon mal siebenundzwanzig Regentage sein.

Der Ort O Cebreiro mit den „Pallozas", den strohbedeckten Rundhütten, wird allen PilgerInnen bekannt sein. Die Rundhäuser gibt es schon seit rund 1500 Jahren, und das nur hier. Somit kann O Cebreiro an sich schon als Museumsdorf angesehen werden. Der Anstieg führte auf eine Höhe von 1300 Metern, was eine echte Herausforderung für mich bedeutete. Die Strecke war gekennzeichnet als „camino duro", als „harter Weg" – deshalb, weil er über einen Höhenrücken verläuft und sowohl der Auf- wie auch der Abstieg sehr steile Passagen beinhalten.

Von einem entspannten Wandern konnte von Anfang an keine Rede sein. Die Steigungen waren heftig und ich spürte sie gut in den Waden. Zahlreiche Sand- und Geröllwege taten ihr Übriges, sodass ich nur langsam voran kam. Fuß vor Fuß, bedacht und konzentriert. Für einen Kilometer brauchte ich gefühlt eine halbe Stunde.

Nach gut drei Stunden legte ich eine Pause ein. Auf der gesamten Strecke hielt ich es so, dass auf ungefähr drei Stunden Wanderung eine Rast folgte. Ich trank einen Kaffee und Wasser. Dazu ließ ich mir leckere spanische Mandelkekse oder ein Stück von der „Tarta de Santiago" schmecken.

Die Sonne war durchgekommen, die Temperaturen stiegen auf gute dreißig Grad. Unterwegs sah ich immer mehr PilgerInnen, die im Schatten saßen und sich ausruhten. Anscheinend machte auch ihnen die Strecke zu schaffen. Schritt für Schritt ging es voran. Aufgeben war keine Option. Noch drei Kilometer lagen vor mir.

Und endlich – nach einer gefühlten Ewigkeit war es geschafft. Ich hatte den Berg erklommen.

Voller Euphorie schrieb ich meinen Leuten. Von meiner Schwester kam prompt die Frage: „Und was ist mit dem Abstieg?" Mein Mann teilte mir mit, dass es in Richtung Sarria – wo wir unsere nächste Unterkunft vorfinden würden – regnerisch sei.

Meinten sie wirklich, dass mich in diesem Moment das Wetter oder der Abstieg interessierte? Ich hatte gerade den Aufstieg geschafft und war so berauscht von Eindrücken, dass ich keinen Gedanken an Zukünftiges verschwenden wollte. Ihre Nachrichten ließ ich also unbeantwortet.

Zum Ausruhen setzte ich mich auf eine Mauer. Von hier hatte ich einen atemberaubenden Blick über die weitläufige bergige Landschaft und konnte meinen zurückgelegten Weg, der sich kilometerweit über die Täler erstreckte, nachgeflogen.

Dann rief ich meinen Mann an. Er hatte sich in der Zwischenzeit die Gegend angesehen und war durch dichten Nebel mit dem Auto hoch nach O Cebreiro gefahren. Auch er war an der Besichtigung des Ortes interessiert.

Am Ortseingang trafen wir uns, bestaunten die Rundhütten und gingen – Wie kann es anders sein? – in die Kirche. Seit Bestehen des Jakobsweges hatte es hier zunächst ein großes Kloster mit einem Spital gegeben, in dem sich die erschöpften PilgerInnen hatten ausruhen können. Geblieben war die frühromanische „Iglesia Santa Maria la Real", die älteste Pilgerkirche am Jakobsweg. In ihrem Innenraum waren ein Hostienteller und ein Kelch zu sehen. Um das Jahr 1300 sollten sich einem Wunder gleich bei einer Messe Brot und Wein in Fleisch und Blut verwandelt haben.

Die Besichtigung fiel kurz aus, denn ich hatte Durst und Hunger. Ich kaufte eine Postkarte und ließ mir an diesem symbolträchtigen Ort einen Stempelabdruck geben.

Wir waren schon auf dem Vorplatz der Kirche, umgeben von PilgerInnen und Touristen, und hielten Ausschau nach einem Lokal, als aus der Kirche eine Frau auf uns zulief. Im ersten Moment dachte ich, sie verwechsle uns, doch sie kam zielstrebig auf uns zu und drückte mir ein kleines weißes Kreuz in die Hand. Ich erklärte ihr, dass ich kein Kreuz gekauft habe, dass es mir nicht gehöre, doch sie ließ sich nicht beirren. Sie schloss meine Hand, schaute mich mit einem eindringlichen Blick an, der keine

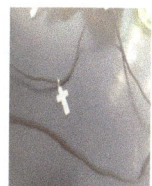

Widerworte duldete, und ging genauso schnell wieder
zurück, wie sie gekommen war.

Was war das denn gewesen? Das letzte Kreuz, das ich
getragen hatte, hing an der Kette, die ich während meiner
Kommunion, als ich ungefähr zehn Jahre alt gewesen
war, getragen hatte. Und nun war mir ein Kreuz – ein ein-
faches, kleines, weißes Kreuz – in die Hand gedrückt
worden. Sollte ich doch noch auf den religiösen Pfad geführt werden?

Im Lokal überlegte ich, was ich mit diesem Kreuz machen
sollte. So merkwürdig mir die Begebenheit auch vorkam,
ich hatte es nun und wollte es nicht einfach im Rucksack
verstauen. Kurzerhand befestigte ich es an meinem
Schrittzähler, und so wurde es zu meinem Begleiter –
den ganzen Camino über.

Nach einer ausgedehnten Ruhephase ging es weiter. Ich
war zwar lange unterwegs gewesen, doch bislang hatte
ich erst zehn Kilometer geschafft, sodass ich mich ent-
schloss, noch ein Stück weiter zu laufen. Mein Mann
blieb im Ort, um in Ruhe alles zu erkunden.

Es ging an den Abstieg. Manchmal weiß ich nicht, was
anstrengender ist, der Auf- oder der Abstieg. Doch dieser
führte durch eine waldige Gegend. Die Hitze konnte mir
nicht viel anhaben. Nachdem ich in O Cebreiro so viele
PilgerInnen gesehen hatte, war ich auf dieser Strecke
lange Zeit wieder allein. Eigentlich bin ich kein ängstlicher
Typ, doch am liebsten war es mir, wenn ich in einer ge-
wissen Entfernung Wanderer oder Wanderinnen sah, die

mir zur Hilfe kommen konnten, falls etwas passierte. Zum Glück blieb mir dergleichen erspart.

Ich lief bis Hospital da Condesa, wo mein Mann mich abholte. Dann fuhren wir nach Sarria zu unserer neuen Unterkunft.

Dort wurden wir von einem netten Herbergswirt empfangen. Er hatte seinen Gebäudekomplex in vier Häuser eingeteilt. Im Wirtshaus gab es Frühstück und tagsüber Getränke und Speisen. In dem anliegenden Haus waren mehrere Zweibettzimmer vorzufinden. Darüber hinaus gehörten ein Haus mit Acht-Bett-Zimmern und ein Haus mit einem Zwölf-Bett-Zimmer zu der Einrichtung. Die Gäste, die in den Mehrbettzimmern nächtigten, konnten eine gemeinsame Küche sowie ein gemeinsames Bad nutzen, und der Garten stand allen zur Verfügung. Es sah sehr ordentlich und sauber aus. In den Mehrbettzimmern gab es Etagenbetten. An einigen von ihnen waren Schilder mit Namen angebracht. Der Herbergswirt erklärte uns, dass diese Betten schon gebucht worden seien.

Diese Unterkunft wurde privat geführt und ist nicht mit den öffentlichen zu verwechseln, die Hape Kerkeling in seinem Buch beschreibt. Die öffentlichen Herbergen können vorab nicht reserviert werden. Da gilt: Wer kommt, erhält das nächste freie Bett. Eine Übernachtung kostet fünf Euro. Manchmal kann auch gegen eine Spende ein Bett bezogen werden. Diese öffentlichen Pilgerherbergen werden von Städten und Gemeinden, von Jakobsvereinen oder von kirchlichen Institutionen unterhalten. Geführt werden diese „Albergues" meist von freiwilligen

Hospitaleros, die ohne Bezahlung in ihrer Freizeit arbeiten, um die Tradition des Pilgerns zu fördern. In privaten Herbergen werden meist zwei bis fünf Euro mehr berechnet.

Obwohl die Mehrbettzimmer in dieser Herberge sehr einladend aussahen, war ich froh, dass wir ein Doppelzimmer mit eigenem Bad gebucht hatten.

Mein kleiner und mein großer Zeh machten sich bemerkbar. Hatte der „camino duro" doch Spuren hinterlassen? Ich rieb die Zehen dick mit dem vermeintlichen Wundermittel von meinem Bekannten ein, verband sie mit Druckstellenpflastern und hoffte, dass sie sich wieder erholen würden.

An diesem Abend blieben wir in der Unterkunft, setzten uns in den Garten, sahen dem Treiben der anderen Gäste zu, aßen noch eine Kleinigkeit und ließen die Erlebnisse des Tages Revue passieren.

4. Pilgertag: Besonderheiten der Region

Hospital da Condesa – Sarria

Auch in dieser Unterkunft war das Frühstück spanisch karg gehalten, doch wir konnten es gegen einen Aufpreis um Bananen und Kiwis bereichern.

Mein Mann fuhr mich wieder zu meinem Startpunkt, und bei neun Grad ging es los. Nebel bedeckte die Täler, sodass die grünen Hügel aussahen wie in Watte gepackt.

Schon früh am Morgen waren mehrere PilgerInnen unterwegs. Ich traf auf eine Schwedin, in deren Gesellschaft ich die ersten zwei Kilometer wanderte. Plötzlich stockte sie und wies auf ihren Mann. Er hatte nicht mit uns Schritt halten können und war weit hinter uns zurückgeblieben. Sie entschuldigte sich bei mir, weil sie die nette Unterhaltung beenden musste, und wartete auf ihn.

Als Paar zu laufen, kann sehr anstrengend sein, wenn das Tempo unterschiedlich ausfällt. Ich war froh, allein unterwegs zu sein. Ohne große Absprachen konnte ich meine Laufstrecken und mein Tempo bestimmen, wie ich es für richtig hielt.

Die Strecke führte nun Richtung Sarria. Wieder erwies sich der Weg durch die hügelige Landschaft und die vielen Schotter- und Geröllwege als anstrengend.

Die Gegend rund um den Pilgerweg machte keinen wohlhabenden Eindruck. So erstaunt es auch nicht, dass das Pro-Kopf-Einkommen in Galicien zu den niedrigsten des Landes zählt. Orte und Städte am Jakobsweg haben sich mit ihrer touristischen Infrastruktur auf die PilgerInnen eingestellt, sodass sie ihr Einkommen aufbessern können. Teilweise sind sie sogar vollständig auf die Einnahmen angewiesen, die das Pilgern ihnen beschert.

Viele Gebäude auf dem Lande sehen so aus, als wenn sie den nächsten Sturm nicht überstehen werden. Doch die Landschaft mit den Wäldern, den kleinen Ackerflächen und den vielen Wiesen ist wunderschön.

Typisch für die Gegend sind die „Schwebenden Speicher", die „Horreos". Aus Granit gebaut, stehen sie auf Stelzen, um das Getreide vor Nässe und vor gefräßigen Nagern zu schützen. Luftschlitze sorgen dafür, dass es nicht schimmelt. Das Dach ziert neben dem christlichen Kreuz oft eine pyramidenförmige „fica", das keltische Symbol für Fruchtbarkeit.

Auf meinem Weg kam ich an einem Acker vorbei. Ich blieb stehen und schaute den Bauersleuten bei der Arbeit zu. Der Bauer saß auf seinem Trecker und rodete auf einem Acker, der gerade die Größe eines Fußballfelds erreichte, die Kartoffeln. Seine Frau und der Sohn liefen hinterher, um die Erdfrüchte aufzusammeln. Ich fühlte mich in meine Kinder- bzw. Jugendzeit zurückversetzt. Als Jugendliche hatte ich mit solchen Tätigkeiten mein Taschengeld aufgebessert. Die Großeltern hatten sich Stühle mitgebracht und so gut es ging geholfen, die Kartoffeln in Jutesäcke zu legen. Ich gehe davon aus, dass sie auf dem Markt in der Region verkauft wurden.
Es sah alles so harmonisch aus, so ruhig, so fernab jeglicher Hektik – Idylle pur, sollte man meinen. Interessant wäre, ob der Bauer und seine Familie es auch so empfanden.

Später kam ich an einer kleinen Kapelle vorbei. Auf meiner Pilgertour besichtigte ich gerne Kapellen, da dies eine Abwechslung zum Wandern bedeutete und ich in diesen historischen Gebäuden eine kleine Pause einlegen konnte.

Beim Hinausgehen muss ich wohl so in Gedanken gewesen sein, dass ich nicht zurück zum Camino ging, sondern den Weg vor der Kapelle einschlug. Von Weitem hörte ich jemanden „No camino!" rufen, und das mehrere Male, bis ich begriff, dass es mir galt. Ich bedankte mich bei dem Mann, der so gut auf mich aufgepasst hatte. Er strahlte über das ganze Gesicht und lachte herzhaft. Sein Mund gab den Blick auf vielleicht noch drei Zähne frei. Doch seine Fröhlichkeit war so ansteckend, dass ich gut gelaunt weiterlief.

Ich kam an einem für die Gegend typischen Haus vorbei, das von so vielen wunderschönen Blumen umringt war, dass es sich von allen anderen abhob. Eine Bäuerin mit Schürze und Sonnenhut stand auf dem Vorplatz und stampfte mit ihren Plastiksandalen in einem Bottich Bohnen. Ich kannte diese Sorte. Wir nennen sie heute noch „Updrögt Bohnen". Ihr Mann saß im Schatten und beobachtete das Treiben. Ich schaute ihr zu und fragte, ob ich ein Foto von ihr machen dürfe. Daraufhin erhob sich ihr Mann, hörte sich mein Anliegen an und gab mir die Erlaubnis. Mein Bild zeigte ich der Bäuerin. Obwohl auch in dieser Gegend das digitale Zeitalter eingekehrt war, hatte ich das Gefühl, dass sie sich zum ersten Mal auf einem Handy-Display sah. Zum Abschied wollte mir ihr Mann eine Handvoll Bohnen mitgeben. Eine nahm ich, die reichte mir.

Ich lief den Weg weiter, bis eine Kuh ihn mir versperrte. Na, dachte ich, der Bauer wird ja in der Nähe sein. So eine Kuh aus der Nähe ist schon ein imposantes Schwergewicht. Auf der angrenzenden Wiese, die nicht durch ein Gatter vom Weg getrennt war, nahm ich noch

zehn weitere wahr. Von einem Bauern jedoch war weit und breit nichts zu sehen. Ich wollte weiter, und wieder war ich allein auf weiter Flur. Es blieb mir somit nichts anderes übrig, als der Kuh – und auch mir – gut zuzureden: „Ich tu dir nichts, dann tust du mir auch nichts!"

Tapfer ging ich schließlich an ihr vorbei. Sie fand die Situation wohl ganz interessant, denn sie drehte sich zu mir um und trottete hinter mir her. Eine zweite schloss sich an. Ich beschleunigte meinen Schritt, doch nach ein paar Metern stellte ich erleichtert fest, dass die beiden keine Lust mehr hatten, mir zu folgen und bedächtig zurück gingen. Was für ein Leben! Können laufen wie sie wollen und zur Abwechslung mal die Touristen verfolgen.

Obwohl die Strecke anstrengend zu laufen war, gab es zwischendurch wunderschöne „Corredoiras", alleenartige Wege, die von Ort zu Ort führen. Die Sonnenstrahlen kommen nur vereinzelt durch das Geäst, sodass sich hier Licht und Schatten wunderbar ergänzen und tolle Fotomotive ergeben.

Die Eindrücke beschäftigten mich auf der weiteren Strecke. Ist das bei uns im Leben auch so? Ohne Licht kein Schatten, ohne Freude kein Leid? Und beides zusammen so schön?

War die Bäuerin, die höchstens so alt war wie ich, mit ihrem Leben zufrieden oder würde sie gern mit mir tauschen? War sie einverstanden damit, dass ihr Mann alles für sie regelte?

Hätte der Bauer gerne einen modernen Milchbetrieb mit vielleicht einhundert Kühen, wie es bei uns in der Landwirtschaft üblich ist? Oder war er zufrieden mit dem, was der Acker und die paar Tiere hergaben? Davon, dass die Kühe nicht mit unseren tauschen wollten, bin ich überzeugt.

Diese Gedankengänge hätte ich noch lange fortführen können, doch dazu kam ich nicht. Die körperliche Anstrengung ließ es nicht zu. All diejenigen, die Ausdauersport machen, kennen vielleicht das Gefühl, dass man zunächst einen Gedanken verfolgt, doch dann in eine Art Gedankenlosigkeit verfällt.

Dank der guten Ausschilderung des Weges musste ich auch nicht ständig auf die Karte oder aufs Handy schauen, sondern konnte im Vorbeigehen die Wegrichtung wahrnehmen und wurde in meiner Gedankenlosigkeit nicht gestört.

Ich war ungefähr siebenundzwanzig Kilometer gewandert und hätte nichts dagegen gehabt, wenn Sarria in greifbarer Nähe gewesen wäre. Aber ich wollte noch weiter, denn ich hatte die Absicht, direkt zur Unterkunft zu laufen. Von Weitem sah ich den Ort, doch die Strecke zog sich hin. Sie war kurvenreich und stieg immer wieder an. Es waren endlose sechs Kilometer bei gefühlten dreißig Grad. Ich empfand das Laufen als anstrengend und kam nur langsam voran. Doch endlich hatte ich den letzten Abstieg geschafft.

Mein Mann wartete mit kühlen Getränken vor der Herberge auf mich. Herrlich! Was gibt es Besseres als eine leckere Cola und kühles Wasser nach solch einer Anstrengung?

Nach den Wanderungen war ich meistens erschöpft. Doch mein Körper regenerierte sich erstaunlich schnell. Das lag sicherlich daran, dass ich nicht den ganzen Tag lief. Wie ich eingangs schon erwähnte, hatte ich die „softe" Version des Pilgerns gewählt. Meistens startete ich kurz vor neun Uhr und beendete meine Ausflüge nachmittags gegen vier Uhr. Hätte ich die „harte" Variante des Wanderns gewählt, wäre ich bis abends gelaufen und hätte anstelle von durchschnittlich fünfundzwanzig Kilometern pro Tag eine Bilanz von fünfunddreißig oder vierzig Kilometern vorweisen können.

Meine Wanderungen verliefen weitgehend schweigend. Morgens die Unterhaltung mit meinem Mann, ab und an – wenn es sich anbot – ein kurzes Gespräch mit den mir begegnenden PilgerInnen. Doch grundsätzlich herrschte Stille, die ich, je weiter das Abenteuer voranschritt, immer mehr genoss.

Mich auf meinen Mann oder auf andere einzustellen, fiel mir nach dem Beenden der Pilgerstrecken nicht schwer. Ich tauchte wieder in die normale Welt ein.

Auch an diesem Tag lockte es mich nicht, in den Ort zu gehen. Wir blieben in der Herberge, aßen, kamen mit anderen PilgerInnen ins Gespräch, duschten und versorgten meine Füße, die alles gut mitgemacht hatten.

5. Pilgertag: Völkerwanderung

Sarria – Portomarin

Am nächsten Morgen kam während des Frühstücks die Schwedin, die ich am Vortag kennengelernt hatte, in die Gaststube - mit Krücken. Sie war auf einem der Schotterwege gestolpert und hatte sich den Knöchel heftig verstaucht, sodass sie zum Schienen ins Krankenhaus musste. An ein weiteres Pilgern war nicht zu denken. Ihr Mann stand ganz entspannt neben ihr, und mich beschlich das Gefühl, dass er den Abbruch nicht wirklich bedauerte.

Wie froh war ich, dass bei mir bisher alles gut verlaufen war und ich meine Wanderung ohne Probleme fortsetzen konnte!

Für die heutige Strecke hatte ich mir fünfundzwanzig Kilometer vorgenommen. Durch den Ort Sarria sollte es Richtung Portomarin gehen. Es war kalt – gefühlte acht Grad. Zwei Radfahrer, mit denen wir am vorherigen Abend ins Gespräch gekommen waren, machten sich für den Camino bereit. Ihre Räder mussten auf den Strecken eine Menge aushalten, sodass sie Vollgummi-Reifen nutzten. Sie hatten sich gut vermummt, denn durch den Fahrtwind würden sie die niedrigen Temperaturen noch deutlicher zu spüren bekommen als unsereins.

Sarria hat sich in den letzten Jahren zu einer Art Jakobsweg-Zentrum entwickelt. Hier – einhundert Kilometer vor Santiago – besteht die letzte Möglichkeit, in das Pilgern einzusteigen, wenn man den Pilger-Pass erhalten möchte.

Schon im Ort traf ich auf mehrere Gruppen, die sich für den Camino bereit machten. Viele PilgerInnen hatten sich mit einer richtig schicken Wanderkluft ausstaffiert.

Die Kleidung auf dem Camino fiel recht unterschiedlich aus. Unterwegs war ich auf eine junge, etwas kräftigere Frau getroffen, die sich ganz in Schwarz gehüllt hatte. Selbst bei Temperaturen um die dreißig Grad hatte sie Mütze, Schal und eine dicke Leggings getragen. Dann hatte ich vor mir einen Japaner gesehen, der in einer Art Flip-Flops gelaufen war. Die meisten PilgerInnen hatten Wanderschuhe genutzt, doch es waren auch viele mit ganz normalen Turnschuhen und sportlicher Kleidung unterwegs gewesen. Hier in Sarria sah es etwas gestylter aus.

Auch Rucksäcke gab es in allen Variationen. Viele hatten große, schwere Wanderrucksäcke dabei, in denen sie ihr gesamtes Equipment für die Pilgertour verwahrten. In manchen Fällen war das frisch gewaschene Hemd oder das T-Shirt zum Trocknen über den Rucksack gespannt. Die Hitze und die schwere Last auf dem Rücken machten das Laufen nicht leichter.

Doch ich sah auch mehrere, die, wie ich, nur einen kleinen Rucksack dabei hatten. Im Gegensatz zu mir hatten sie ihre Ausrüstung für die gesamte Strecke darin verstaut. Ich bin immer wieder beeindruckt, wenn Menschen mit wenigen Utensilien auskommen. Jedes Mal, wenn ein Urlaub bevorsteht, versuche ich, nur das Nötigste mitzunehmen, aber immerzu ertappe ich mich dabei, dass es am Ende doch mehr ist, als ich eigentlich brauche.

Um in die Oberstadt von Sarria zu kommen, die auf der Strecke des Caminos liegt, musste ich gefühlte einhundert Stufen überwinden. Nachdem ich die „Morgengymnastik" geschafft hatte, füllte sich der Weg von allen Seiten mit PilgerInnen – vor mir, neben mir und hinter mir nur Pilger. Es war wie eine Völkerwanderung. Bedingt durch die Unterhaltungen, kam eine unangenehme Geräuschkulisse auf. Ich hatte den Weg bislang als besinnlich und ruhig erlebt. Dieses Gewusel gefiel mir überhaupt nicht. Das Wandern wurde außerdem dadurch erschwert, dass man an engen Passagen Rücksicht nehmen oder auch mal warten musste. Außerdem waren die ersten Kilometer hinter Sarria nicht einfach zu laufen, da es wieder eine Menge Schotterwege gab. Trotz der Unannehmlichkeiten versuchte ich, so gut es ging mein Tempo zu halten.

Nach den ersten zehn Kilometern kam ich an einem für Camino-Verhältnisse relativ großen Lokal vorbei, das von den PilgerInnen gut angenommen wurde. Die Temperaturen waren auf fünfundzwanzig Grad gestiegen, sodass es sich in der Sonne bestimmt gut aushalten ließ. Obwohl auch ich gegen eine Rast nichts einzuwenden gehabt hätte, ging ich weiter, um dem Trubel zu entfliehen.

Und tatsächlich – man glaubt es nicht – traf ich nur noch vereinzelt auf PilgerInnen. Machten alle anderen eine Mittagspause oder waren die geführten Wanderungen mit Erreichen des Gasthauses beendet?

Nach etwa drei Kilometern fand ich ein kleines Lokal und kehrte dort ein. Auch eine Gruppe Männer machte Rast in der Sonne. Sie hatten Schuhe und Strümpfe ausgezogen und verwendeten das in ihren Gläsern befindliche Eis, um sich damit die Füße zu kühlen. Nicht gerade der schönste Anblick, doch zum Glück saß ich weit genug von ihnen entfernt, sodass ich ihre „Schmerzlinderungsversuche" nicht weiter verfolgen musste. Füße sah ich auf der Strecke eine Menge. Viele PilgerInnen hatten Probleme. Lag es am falschen Schuhwerk oder einfach an zu wenig Übung? Zum Glück ging es meinen Füßen – toi, toi, toi – noch gut.

Buen camino

Auf dem Camino grüßt man sich mit einem „Buen camino", was so viel bedeutet wie: „Hab einen guten Weg!" Diese Begrüßungsformel ist eine Art Gesprächsöffner.

Eine der Standardfragen lautet: „Woher kommst du?" Einige PilgerInnen hatten eine Flagge ihrer Nation am Rucksack befestigt oder ein Schild, das erkennen ließ, aus welchem Land sie kamen. Wie ich mit der Zeit feststellte, waren zahlreiche Nationen vertreten.

Den Camino bestritten die WanderInnen auf ganz unterschiedliche Art. So traf ich auf drei Frauen, die den Weg singend gingen. Wenn ich es richtig verstanden habe, hatten sie das Lied „It´s a long way to Tipperary" umgetextet in „It´s a long way to Santiago". Ich reihte mich ein. Sie begrüßten mich herzlich und forderten mich auf, mit ihnen zu singen. Wie ich erfuhr, waren sie aus Kalifornien angereist. Und natürlich wollten sie wissen, woher ich stammte.

Einige PilgerInnen sprachen auf dem Camino den Rosenkranz, ein Pärchen lief die Strecke Hand in Hand. Ein Mann und eine Frau redeten heftig aufeinander ein, sodass ich froh war, nicht zwischen ihre Fronten geraten zu sein. Auf einem Schotterweg, der abwärts führte, sah ich eine Frau, die einen Mann im Rollstuhl schob. Für sie war es eine Kraftanstrengung, doch der Mann lehnte meine Hilfe dankend ab. Dann traf ich auf eine Gruppe von Asiaten, die im Schlenderschritt liefen und alle zehn Meter stehen blieben, um sich ausführlich und fröhlich zu unterhalten. Ich weiß nicht, wie viele Kilometer sie an einem Tag bei dem Tempo schaffen wollten, aber so gut gelaunt, wie sie waren, war das wohl Nebensache.

Außerdem stieß ich auf einen Italiener, der mir unterwegs immer schon mal zugewunken hatte. In einem Lokal kam er auf mich zu, unterhielt sich mit mir und fragte, ob er mich auf dem weiteren Weg begleiten dürfe. Das fand ich ganz nett, doch ich lehnte seine Bitte freundlich ab.

Siebzig Kilometer vor Santiago traf ich auf zwei Frauen aus Neuseeland. Sie waren begeistert vom Pilgern. Auf meine Frage, wie viel Zeit sie für die restlichen Kilometer eingeplant hätten, erfuhr ich, dass zehn Tage angedacht waren. „We go slowly. We enjoy the way!"

Ich war davon ausgegangen, dass die meisten PilgerInnen älter wären, also älter als sechzig. Doch da hatte ich mich getäuscht. Es waren sehr viele junge Menschen unterwegs. Ob sie Semester- oder Schulferien hatten?

Besonders unter den RadfahrerInnen waren viele jüngere.

Wenn es sich anbot, ging ich eine Zeitlang mit anderen PilgerInnen und unterhielt mich mit ihnen. Doch nie sehr lange. Meine Spanisch-Kenntnisse, die ich mir zu Hause angeeignet hatte, kamen dabei kaum zum Einsatz. Die Unterhaltungen führte ich in Englisch. Da ich jedoch weder im Englischen noch im Spanischen fit bin, wären längere Gespräche sehr mühsam gewesen. Ich hätte mich verstärkt auf die Konversation einstellen müssen, was mich von den Eindrücken, die mir der Camino offenbarte, abgelenkt hätte.

Zweimal wurde ich unterwegs auf Deutsch angesprochen. Es waren ehemalige Gastarbeiter, die mir hier auf dem Camino von Deutschland vorschwärmten.

Wie ich schon erwähnte, gehört Galicien zu den ärmeren Gebieten Spaniens. Seit Mitte des 19. Jahrhunderts haben viele Galicier ihr Glück in der Emigration gesucht. Die Überweisungen der Auswanderer bildeten eine wichtige Stütze der galicischen Wirtschaft, ebenso die Heimkehrer, die oftmals das im Ausland verdiente Geld in das Gastgewerbe investierten.

Die letzten Kilometer Richtung Portomarin gingen steil bergab. Mehrere PilgerInnen nutzten für diese Strecke ihre Wanderstöcke, die eigentlich auch zu einer richtigen Pilgertour gehörten. Ich lief lieber ohne, aber hier hätte ich welche gebrauchen können.

Portomarin erlangte Berühmtheit, weil der ursprüngliche Ort dem Bau eines Stausees weichen musste. Bevor man mit dem Bau begonnen hatte, waren die wichtigsten Gebäude abgetragen und oberhalb Stein für Stein wieder aufgebaut worden.

Am Ende einer langen Brücke, die über den See führte, wies eine Treppe hoch in die Stadt. Um meinen Mann zu treffen, musste ich diese letzte Hürde noch nehmen. Dann hatte ich es geschafft! Dank der guten Internetverbindung erfolgten unsere Absprachen ohne Probleme. Nach einer Rast und kühlen Getränken fuhren wir zurück zu unserer Unterkunft in Sarria.

Abends ging es zum Essen in die Stadt. Wie schon morgens mussten wir die gefühlten einhundert Stufen zur Oberstadt hinauf und den anschließenden Abstieg bewältigen. Die Vorfreude auf eine gute Nachtruhe wurde dadurch verstärkt.

6. Pilgertag: Die kleinen Dinge am Wegesrand

Portomarin – Hospital da Cruz

Unser nächstes Ziel war Arzua, die vorletzte Station vor Santiago. Wir hatten vier Übernachtungen eingeplant.

Im Vorfeld der Pilgerfahrt hatte ich Bedenken gehegt, ob ich überhaupt Lust hätte, jeden Tag zu wandern und ob mein Mann stets so früh mit mir aufstehen würde. Diese Sorgen waren, wie sich herausstellte, unbegründet. Wir hatten recht schnell unseren Tagesablauf gefunden, an dem wir die gesamte Pilgerstrecke über festhielten.

Mein Mann ließ mich in Portomarin aussteigen. Die Gegend war waldig und hügelig. Das satte Grün der Bäume wies darauf hin, dass es hier viel regnete.

In Galicien ist Wasserknappheit ein Fremdwort, und dennoch muss die Region die meisten Waldbrände des Landes verkraften. Vor allem der aus Australien importierte ölhaltige Eukalyptus bietet den Feuern Nahrung. Dabei sieht er mit seinen silbrig glänzenden, blaugrünen Blättern ganz besonders aus. Er wurde angepflanzt, um Holz für die industrielle Nutzung zu gewinnen. Ökologisch ist diese Maßnahme als problematisch zu erachten, da die Bäume die Böden auslaugen und einheimischen Tierarten keinen Lebensraum bieten können. Der Eukalyptus wächst wesentlich schneller als beispielsweise Eichen und entzieht anderen Baumarten massiv das Wasser.

Etwas enttäuscht war ich, dass ich das typische Eukalyptus-Aroma, welches ich von Hustenbonbons kenne, während meiner Wanderungen durch Eukalyptus-Wälder nicht wahrnehmen konnte. Von einer Pilgerin erfuhr ich, dass die Blätter gerieben werden müssen, damit sich der starke, aromatische und erfrischende Geruch entfalten kann.

Wie es typisch für die Region ist, fing es an zu regnen. Auf der gesamten bisherigen Strecke waren die Temperaturen hochsommerlich gewesen. An Regen war nicht zu denken. Somit war ich unvorbereitet; meine Regenjacke lag ungenutzt im Auto. Andere PilgerInnen waren schlauer, hatten Umhänge oder zumindest einen Regenschirm dabei. Zum Glück konnte ich mich in einer Hausruine unterstellen. Die Sonne war nicht zu sehen und es wurde empfindlich kalt. Ich zog mein Wollshirt und meinen Pullover über, sodass ich die Kälte gut aushalten konnte. Etwas verärgert war ich dennoch über mich, ohne Regenjacke losgelaufen zu sein. Doch daran war nichts mehr zu ändern und etwas Regen hat noch keinem geschadet. Nach einer halben Stunde war alles vorbei, die Sonne kam durch und weiter ging es.

Auf dem Camino zu laufen, ist eine ganz besondere Art des Wanderns. Ich empfand den Weg als einen Tunnel oder eine Blase, der bzw. die mit der übrigen Welt wenig zu tun hat. Das Pilgern hier würde ich nie mit einer Wanderung in unserer Gegend vergleichen. Alle Personen, ungeachtet dessen, aus welchem Grund sie pilgerten, hatten das gleiche Ziel – Santiago de Compostela oder die „Cathedral de Santiago" – und so fühlte es sich an, als ob man in oder mit einer großen Familie unterwegs war.

Je länger ich unterwegs war, desto empfänglicher wurde ich für die kleinen Dinge, die am Wegesrand zu sehen oder zu erleben waren - für die Bäume, die Blumen, das Licht, ein Lächeln der PilgerInnen, einen netten Gruß, wie den eines Radfahrers, der mir zurief: „Die Sonne scheint heute nur für dich!" Da stellte sich ein Lächeln auf den Lippen ein und der Weg lief sich ganz unbeschwert weiter.

Auch auf dieser Strecke kam ich an einer Kapelle vorbei, und wieder war es eine kleine Begebenheit, die mich zum Nachdenken brachte.

Als ich eintrat, konnte ich mich nicht des Eindrucks erwehren, dass gerade ein Gottesdienst oder eine Veranstaltung stattgefunden hatte. Ich sah einen Priester, der ein Kästchen in der Hand hielt und sich fröhlich mit den Pilgern unterhielt. Mich nicht weiter um die Gruppe kümmernd, schaute ich mir die Kapelle an. Auf einmal stand der Priester neben mir und forderte mich auf, einen Zettel aus dem Kästchen zu ziehen. Im ersten Moment war ich etwas überrumpelt, doch er lächelte mich nett an und ich wollte nicht unhöflich sein. Ich bedankte mich und steckte den Zettel gut weg.

Bei der nächsten Rast holte ich ihn hervor und las:

„Ich will dich segnen, und du sollst ein Segen sein." (Genesis. Kapitel 12,2).

Der Spruch war auf Deutsch verfasst. War es Zufall oder hatte der Priester richtig getippt, indem er mich als Deutsche eingestuft hatte?

Ich erwähnte ja eingangs, dass ich dem Neuen und dem Alten Testament nicht viel abgewinnen kann, da ich davon ausgehe, dass im Laufe der Jahrhunderte durch politische, religiöse und weltliche Einflüsse inhaltlich viele Änderungen durchgeführt worden sind. Man denke nur an die Stellung der Frau.

54

Wäre ich zu Hause gewesen, hätte ich dieser Begeben-
heit wohl kaum Beachtung geschenkt. Doch hier auf dem
Camino schiebt man solch einen Vorfall nicht einfach zur
Seite.

Ich hatte noch sechs Kilometer vor mit, sodass ich mich
während des Wanderns mit dem Spruch auseinanderset-
zen konnte. Für wen sollte ich ein Segen sein? Sollte
Gott mich segnen? Sollte ich durch diese kleinen Hinwei-
se bekehrt werden?

Mein Mann holte mich an der verabredeten Stelle ab und
wir fuhren zu unserer Unterkunft in Arzua. Abends berichtete er, dass er sich die Stadt Lugo angesehen habe. Auf
einem Wochenmarkt habe er sich mit einigen Leckereien
aus der Region eindecken können.

Zu den Spezialitäten der nordspanischen Küche gehören
Wurstwaren, Fleisch- und Fischgerichte. Käse, Wurst
oder Schinken kann man sich als Tapas oder auf einem
Brot schmecken lassen. Ein beliebter Imbiss ist die Tortil-
la, die entweder aus Kartoffeln oder aus Eiern besteht
und unserem Omelett sehr ähnlich ist. Für Vegetarier wie
mich bietet die Küche, wie meist in Küstengegenden der
Fall, etwas wenig Auswahl. Während mein Mann die verschiedenen Fischgerichte genoss, hielt ich mich an Sala-
te aus der Region und frisch geröstetes Brot. Zusammen
mit einem guten Wein und kühlem Wasser rundeten sie
den Tag ausgezeichnet ab.

7. Pilgertag: Veränderte Pilgerschar

Hospital da Cruz – Palais de Rei

Ab Sarria hatten sich die Zahl der PilgerInnen und auch ihre Zusammensetzung verändert. War es zuvor eher eine ruhige Pilgerschar gewesen, traf ich nun vermehrt Jugendgruppen und manchmal auch etwas lautstarke Vereine an – zum Glück vereinzelt, aber die Veränderung war zu spüren.

Auch das Frühstück hatte sich den PilgerInnen angepasst. Es war wesentlich reichhaltiger.

Unterwegs fand ich nun Lokale vor, die mit großen Bildplakaten für ihre Küche warben. Damit sich die Wanderer und die Touristen heimisch fühlen konnten, hatte man die Musik abspielenden Geräte mit den gängigen Pop-Songs lauter gedreht.

All diese Lokale mied ich. Glücklicherweise gab es noch ruhige, idyllische Einkehrmöglichkeiten.

Auf der gesamten Strecke standen genügend Lokale und Wasserstellen zur Verfügung, sodass ich meinen Proviant mit der Zeit reduzierte. Zwei kleine Getränkeflaschen, eine Banane und zwei Mandelriegel reichten tagsüber für die Wanderung. Alles andere ließ ich in der Unterkunft. Mein Rucksack wurde also immer leichter.

Die Gaststätten waren in private und kirchliche Anbieter zu unterscheiden. Letztere, eher einfach gehalten, boten auch Übernachtungen und Essen an.

Nach zwölf Kilometern war es wieder Zeit für eine Rast und ich kehrte in eines der am Weg liegenden Lokale ein. Die Aussicht war wunderbar, die Stimmung ausgesprochen nett. Ich bestellte eine Cola und ein Wasser. Ohne große Worte wurde ich an einen Tisch verwiesen, auf dem einfache Kekse und Zitronenwasser auf mich warteten. Gegen eine Spende – so ich denn wollte – konnte ich mich bedienen. Ich hatte zunächst gar nicht wahrgenommen, dass ich auf ein kirchlich geführtes Lokal gestoßen war. Erst die frommen Sprüche an den Wänden verrieten es.

Im Nachhinein bereute ich meine Cola-Bestellung. Ich empfand es als überheblich, davon auszugehen, dass diese vermeintlich gängigen Produkte überall zu haben seien. Und – so stellte ich fest – es gab kaum etwas Köstlicheres als kühles Zitronenwasser und einfache Kekse.

Ich lief bis Palais de Rei, welches trotz seines klangvollen Namens keine für mich interessanten Sehenswürdigkeiten aufweisen konnte. Mein Mann holte mich ab, und wieder blieben wir abends auf der Terrasse der Unterkunft.

8. Pilgertag: Santiago in greifbarer Nähe

Palais de Rei – Arzua

Von Palais de Rei sollte es nach Arzua gehen. Die Strecke war angenehm zu laufen. Herrliche Blumen blühten an Maisfeldern und am Wegesrand. Auf Waldwegen ging es bis hinauf nach San Xiao und dann runter nach Arzua.

Nachdem ich eine gute Weile gelaufen war, hörte ich von Weitem Musik – etwas ganz Außergewöhnliches auf dem Camino. Jemand spielte auf einem Dudelsack den bekannten Song „Amazing Grace". In dieser weiten, hügeligen Umgebung hörte es sich wunderschön an. Als ich näher kam, sah ich den Spieler, der in seiner Tracht und mit dem Dudelsack fantastisch aussah.

Galicien wurde ab 600 vor Christus von den Kelten besiedelt, die sich später der Vorherrschaft der Römer beugen mussten. Die Kelten galten als die Urväter der Galicier, sodass das Spielen der Gaita, des galicischen Dudelsacks, mit dem keltischen Einfluss begründet wird.

Mehrere PilgerInnen hatten ihre Wanderung unterbrochen und lauschten der Musik. Auch ich blieb stehen und hörte zu. Wir alle ließen uns nicht lumpen und entrichteten eine gute Spende. „Das nächstes Mal sollte ich mein Saxophon mitnehmen", dachte ich so bei mir. Die Einkünfte waren nicht zu unterschätzen.

Schnell wurde deutlich, dass Santiago in greifbarer Nähe war. Auf der Wegstrecke waren nun vermehrt Stände vorzufinden. Sie warteten mit all den Dingen auf, die PilgerInnen möglicherweise gebrauchen konnten: Muscheln aus Holz oder aus Keramik, Messer, Wanderstöcke, T-Shirts, Fliesen mit den gelben Muscheln,

Rucksäcke, Ansichtskarten. Mit der besinnlichen Ruhe der ersten Etappen war es vorbei.

Unterwegs traf ich meinen Mann, der von Arzua aus die Strecke mit dem Rad gefahren war. Wir legten eine gemeinsame Rast ein.

Die Gegend empfand auch er als einfach und ländlich. Auf seinen Touren mit dem Fahrrad hatte er kaum Menschen angetroffen. Die Einzigen, die ihn in den Dörfern immer freudig begrüßt hatten, waren Hunde gewesen, die hinter ihm hergelaufen und dann erstaunt gewesen waren, dass er dank seines E-Bikes so schnell wieder weg gewesen war.

Und dann ging es die letzten zehn Kilometer hinunter, durch Arzua zu unserer Unterkunft. Der Ort ist ganz nett, doch nicht unbedingt sehenswert, sodass wir wieder auf der Terrasse blieben.

9. Pilgertag: Vorletzter Tag

Arzua – Rua

Es war meine letzte Strecke vor Santiago. Ich lief von Arzua nach Rua. Der Weg war gut zu bewältigen. Viele Wälder, viele Blumen und viele PilgerInnen erwarteten mich. Die Zunahme der Pilgerschar lag darin begründet, dass nun Menschen von anderen Wegen – vom Küstenweg und vom spanischen Weg – auf unseren Camino stießen. Die letzten Kilometer liefen wir somit zusammen.

Ich traf auf ein deutsches Pilgerpaar, das den spanischen Weg gelaufen war. Es berichtete, dass das Pilgern gemütlich angegangen werde – jeden Tag knapp zehn Kilometer. Ein ausgedehntes Frühstück war den beiden wichtig, sodass sie frühestens um elf Uhr starteten und nachmittags gegen drei Uhr das Wandern beendeten. Sie waren im Vorjahr den französischen Camino nach Santiago gelaufen. Beide Wege hatten ihnen gut gefallen.

Im Gegensatz zu ihnen hatten mein Mann und ich uns angewöhnt, zwischen sieben und acht Uhr aufzustehen. Danach hieß es frühstücken und Rucksack packen. Gegen neun Uhr startete ich. Es gab durchaus PilgerInnen, die schon viel früher auf den Beinen waren, und andere, die noch abends spät ihre Wanderung fortführten.

Den Camino sollte jeder individuell angehen. Ablauf, Tempo, Kilometer und Zeit sollte jeder nach seinem Ermessen ausrichten, damit das Laufen nicht zur Strapaze wird.

10. Pilgertag: Geschafft!

Rua – Santiago de Compostela

Es war soweit. Heute sollte ich in Santiago eintreffen. Ich hatte sechzehn Kilometer für die letzte Etappe eingeplant, nicht zu viele, damit ich den Einzug ins Ziel genießen konnte.

Wir packten unsere Sachen, und dann ging es los. Ich startete in Rua, mein Mann fuhr weiter in Richtung Santiago.

Ein Wechselbad der Gefühle machte sich breit: Einerseits trat Vorfreude auf Santiago ein, anderseits wusste ich, dass es heute der letzte Tag meiner Wanderung war, was mich etwas traurig stimmte. Doch wieder einmal hatte ich keine Gelegenheit, diesen Gedanken lange nachzuhängen, denn die Strecke stieg von Anfang an kontinuierlich an, sodass ich mich auf meine Schritte konzentrieren musste.

Unterwegs überholte ich singende Jugendgruppen und Gitarre spielende Männer. Lange Zeit lief ich am Flugplatzgelände von Santiago entlang. Es waren viele RadfahrerInnen unterwegs. Die Steigungen fielen so heftig aus, dass sie die Strecken serpentinenartig hochfahren mussten, wenn sie ihr Rad nicht schieben wollten.

Steinkreuze und Mariendarstellungen am Wegesrand kündigten an, dass es nicht mehr weit bis Santiago sein konnte. Vorher ging es hoch zum Monte do Gozo, dem „Berg der Freude". In Erinnerung an den Besuch von Papst Johannes Paul II. im Jahr 1989, der eine Messe gelesen und die Jugendlichen der Welt zum Weltjugendtag nach Santiago eingeladen hatte, wurde hier ein Denkmal errichtet.

Vom „Monte do Goza" soll die Sicht erstmals auf die noch kilometerweit entfernte Kathedrale von Santiago de Compostela reichen. Ich weiß nicht, wie es anderen ergangen ist. Trotz meiner Bemühungen habe ich sie nicht gesehen.

Neben den PilgerInnen hielten sich auch viele Touristen hier oben auf, sodass ich den Abstieg recht schnell in Angriff nahm.

Ich ging der bekannten Beschilderung nach und gelangte zum eigentlichen Ortsstein von Santiago.

Zum Glück waren hier nur wenige PilgerInnen anzutreffen, sodass ich das Gefühl „Ich habe es geschafft!" in Ruhe genießen konnte. Ich war schon etwas stolz, dass ich nach anfänglichen Bedenken doch alles so gut bewältigt hatte. Zehn Tage war ich gelaufen. Jeden Tag hatte ich ungefähr fünfundzwanzig Kilometer zurückgelegt. Alles hatte gut geklappt.

Es war sonnig, die Strecke ging abwärts und führte durch die Vororte von Santiago. Man glaubte, die Kathedrale sei zum Greifen nah, doch sie war noch kilometerweit entfernt. Die Stadt erstreckte sich so weit, dass mir die restlichen Kilometer endlos vorkamen. Von allen Seiten, aus allen Straßen kamen PilgerInnen. Alle hatten das gleiche Ziel.

Doch dann war es geschafft! Ich erreichte den Vorplatz der Kathedrale, sah unter den vielen PilgerInnen meinen Mann, und glücklich schlossen wir einander in die Arme. Auch er hatte es geschafft.

Ganz konnte ich es noch nicht fassen, dass das nun das Ende meiner Pilgerreise sein sollte. Es mischte sich

Freude mit Erschöpfung und Wehmut. Ich hatte mich so aufs Pilgern eingestellt und hier sollte nun der Schlusspunkt sein? Als kleiner Trost blieb mir noch die Option, von Santiago nach Fisterra zu wandern.

Ich war froh und dankbar, dass alles gut gelaufen war: Keine schmerzenden Füße, keine Probleme in den Absprachen mit meinem Mann, keine unangenehmen Begebenheiten auf dem Camino. Stattdessen hatte ich viele wunderbare Eindrücke sammeln können: Die Natur, die Umgebung, die Menschen, die Zeit mit mir und die gute Zweisamkeit mit meinem Mann hatten es zu einem einmaligen Erlebnis werden lassen.

Wie die meisten PilgerInnen gingen wir in die Kathedrale, auf die ich hier nicht näher eingehen will, da sie in jedem Reiseführer gut beschrieben ist. Viele von den PilgerInnen wollten die Statue des heiligen Jakobs berühren. Ich reihte mich nicht in die lange Warteschlange ein. Ganz kurz kam mir Martin Luther in den Sinn, der das Pilgern als „Narrenwerk" bezeichnet und über den Jakobsweg nach Santiago de Compostela gespottet haben soll: „Lauf nicht dahin, man weiß nicht, ob Sankt Jakob oder ein toter Hund daliegt!"

Dafür sah ich mir den in den Reiseführern beschriebenen „Botufumerio" an, einen zentnerschweren Weihrauchkessel, der zu bestimmten Anlässen an einem langen Seil über die Köpfe der PilgerInnen hinweg geschwungen wird. Die dicken Weihrauchschwaden sollen früher dazu gedient haben, die starken Körpergerüche der Wandernden zu überdecken.

Ein kurzer Eindruck von der Kathedrale reichte uns. An den folgenden Tagen hatten wir Zeit, sie uns genauer anzusehen. In der Nähe der Kathedrale fanden wir ein Lokal. Von unserem Tisch aus schauten wir uns das Treiben an. PilgerInnen und Touristen mischten sich im Stadtbild. Dank der hochsommerlichen Temperaturen waren die Lokale gut besucht. Immer wieder begegnete ich PilgerInnen, die ich auf dem Camino getroffen hatte. Wir winkten einander zu oder unterhielten uns kurz. Alle hatten gute Laune und waren froh, die Strecke geschafft zu haben.

Santiago

In Santiago hatten wir uns für drei Nächte eingebucht. Um dem Geschehen in der Altstadt näher zu sein, hatten wir uns ein Hotel in der Nähe der Markthalle ausgesucht. Das war eine gute Entscheidung gewesen, denn so konnten wir die Altstadt und ihre Umgebung zu Fuß erkunden.

Santiago ist die Hauptstadt Galiciens, die einerseits ein religiöses Zentrum, anderseits eine lebendige Universitätsstadt mit vielen jungen Menschen ist. Nicht nur die Kathedrale stellt einen Anziehungspunkt dar, die Stadt hat eine Vielzahl von Kirchen, Klöstern und Märkten vorzuweisen. Hinzu kommen mehrere wunderschöne Parks.

Nachdem wir gut geschlafen und im weitläufigen Garten des Hotels ein reichhaltiges Frühstück zu uns genommen hatten, ging es hinaus in die Altstadt.

Nun war ich nicht mehr Pilgerin mit Rucksack und Wanderschuhen, sondern eine ganz normale Touristin.

In den Straßen von Santiago bot sich ein buntes Bild: Einerseits die schicken SpanierInnen, die sich für den Gang in die Stadt herausgeputzt hatten, und anderseits die PilgerInnen, die häufig verstaubt oder einfach nur erschöpft ankamen. Die Stadt war – wie der Pilgerweg – international. Pro Jahr kommen Menschen aus über 170 Nationen nach Santiago. Und genau diese Mischung macht den Charme aus.

Fisterra

Die Zeit in Santiago bot mit den Märkten, den Lokalen und dem lebhaften Treiben eine gelungene Abwechslung zum Pilgern. Doch nun hieß es auch hier: Sachen packen. Die letzte Station in Fisterra – auch Finisterre genannt – stand bevor.

Ich hatte noch darüber nachgedacht, die Strecke zu wandern, doch für mich war das Pilgern mit dem Erreichen der Kathedrale abgeschlossen gewesen. Nun freute ich mich auf unseren Urlaub an der Küste, der mit Baden und Erholung am Strand einen guten Ausgleich zum Pilgern darstellen würde.

Gute einhundert Kilometer ist Santiago von Fisterra entfernt, dem antiken „finis terrae", dem Ort, den man früher für das Ende der Welt hielt. Für die meisten PilgerInnen endet der Weg am Apostelgrab in Santiago, doch für einige markiert Fisterra das eigentliche Ende des Jakobweges.

Wir hatten eine schöne Unterkunft am Meer, und das Besondere war, wie sich im Nachhinein herausstellte, dass sie am Pilgerweg lag. Wir konnten von unserer Terrasse aus die PilgerInnen beobachten, wie sie am gut zwei Kilometer langen Sandstrand ihre schmerzenden Füße ins Wasser hielten oder badeten, um dann mit den schweren Rucksäcken weiter zu laufen. Ziel ihrer Reise war das Kap Finisterre, welches knapp vier Kilometer entfernt am Ende der fingerartigen Landspitze thronte. Zahlreiche Jakobs-Legenden ranken sich um diesen Ort.

Während unseres Aufenthaltes in Fisterra bin ich mehrere Strecken in der Umgebung gelaufen. Es waren schöne, meist recht einsame Strecken, doch für mich war es nun Wandern und kein Pilgern mehr. Die Stimmung war mit der auf dem Camino de Santiago nicht zu vergleichen, ein Erlebnis auf dem Weg Richtung Leuchtturm am Kap von Finisterre ausgenommen.

Ich traf auf einen jungen Mann, der aus dem Ruhrgebiet angereist war. Er war den portugiesischen Weg gewandert und hatte nun das letzte Stück seiner Strecke zum Leuchtturm vor sich. Er fragte mich, ob wir ein Stück zusammen gehen wollten. Sein Alltag, so erzählte er, sei absolut strukturiert und durchgetaktet. Umso mehr erstaune es ihn, was der Camino mit ihm gemacht habe. Er wusste zu dem Zeitpunkt des Gespräches noch nicht, wo er abends nächtigen sollte. In seinem Alltagsleben hätte ihn das aus der Bahn geworfen, doch die Erfahrungen während des Caminos ließen ihn ganz entspannt mit der Situation umgehen. Es hatte sich gezeigt, dass es immer einen Weg bzw. eine Lösung gab.

Da es die letzten Kilometer seiner Camino-Strecke waren, die er - wie ich meinte - bewusst und allein laufen sollte, verabschiedete ich mich und wünschte ihm, dass er diese Leichtigkeit mit in den Alltag nehmen könnte.

Am Kap angekommen, sah ich den Kilometerstein „km 0,000" kurz vor dem Leuchtturm. Somit müsste der Camino eigentlich hier und nicht in den Pyrenäen beginnen.

Ein junges Paar war mit zwei Kindern und zwei Eseln zeitgleich angekommen – ein ungewöhnlicher Anblick, der die Blicke der Touristen und PilgerInnen auf sich zog. Das etwas alternative, wenig modische Aussehen rief Assoziationen mit der „Heiligen Familie" hervor – und das im September! Die beiden hatten die Esel unter Bäumen angebunden und ihr Gepäck dazu gelegt. Wie es aussah, hatten sie Zelte dabei, sodass sie in der freien Natur übernachten würden. Welch ein Erlebnis für die junge Familie, per Esel den Camino zu bewältigen.

Ich traf auf meinen Mann, der die Strecke mit dem Rad gefahren war, und zusammen genossen wir die malerische Aussicht auf den Klippen. Angesichts der endlosen Weite gen Westen kann man auch heute noch den Eindruck haben, tatsächlich am Ende der Welt zu stehen.

Auf dem Weg zurück sah ich einige Meter vor mir wieder den jungen Mann. War es Zufall oder hatte er auf mich gewartet? Er fragte, ob ich erneut ein Stück des Weges mit ihm gehen wolle. Unterwegs berichtete er mir von seinem „Camino- Erlebnis", welches ihn, wie ich merkte, immer noch sehr bewegte.

Auf seiner Strecke hatte er gesehen, dass ein älterer Mann zusammen mit einer Frau zum Baden ins Wasser gegangen war. Der ältere Mann beabsichtigte, weit hinaus aufs Meer zu schwimmen. Seine Begleitung, die versucht hatte, ihn mit aller Kraft davon abzuhalten, hatte sich nicht gegen ihn durchsetzen können und um Hilfe gerufen. Er selbst, so berichtete der junge Mann, hatte seinen Rucksack abgelegt, schnell die Schuhe ausgezogen und sich ins Wasser gestürzt. Gemeinsam war es

ihnen gelungen, den alten Mann aus dem Wasser zu bergen. Am Ufer hatte der Gerettete sich nicht bedankt, sondern ihn mit einem tieftraurigen Blick, aus dem Todessehnsucht sprach, angeschaut. Dieser Blick hatte ihn auf seiner weiteren Wegstrecke nicht mehr losgelassen.

Im Gegenzug berichtete ich meinem Weggefährten von meinem Erlebnis mit dem Kreuz. „Und diese Erfahrungen werden uns verbinden, wenn wir wieder zu Hause sind!" Damit verabschiedete ich mich zum zweiten Mal von ihm, und jeder ging seines Weges.

Muxia

Ungefähr dreißig Kilometer von Fisterra entfernt in nördlicher Richtung befindet sich der Küstenort Muxia. Wie auch Fisterra liegt er an der „Costa da Morte", der Todesküste. Ihren Namen erhielt sie wegen der schwierigen Bedingungen für die Seefahrt und der daraus resultierenden Schiffsunglücke. Bekannt wurde Muxia durch den Untergang des Öltankers „Prestige" im November 2002, der eine Umweltkatastrophe verursachte.

Eine andere Katastrophe ereignete sich am Abend des 25. Dezembers 2013. Ein Feuer vernichtete nach einem Blitzschlag den Dachstuhl und einen Teil der Kirche „A Virxe da Barca" in Muxia. Diese ist ein wichtiger Wallfahrtsort in Galicien und das Ziel vieler PilgerInnen.

Mit dem Auto fuhren wir nach Muxia. Ein paar Kilometer vorher ließ mein Mann mich aussteigen, da ich den Ort wandernd erkunden wollte. Ebenso wie in Fisterra war hier in Muxia der „0,000 Kilometer- Stein" anzutreffen, etwas ungewöhnlich, doch anscheinend sind beide Orte einhundert Kilometer von Santiago entfernt.

Das Meer war unruhig, die Sonne schien, der Himmel strahlte in einem wunderbaren Blau, sodass ein atemberaubendes Naturschauspiel auf den Klippen zu beobachten war.

Rückreise

So sehr wir die Gegend in und um Fisterra genossen, allmählich mussten wir uns Gedanken über unsere Rückreise machen. Wir entschieden uns, über Luxemburg nach Hause zu fahren. Dem Internet sei Dank, gestalten sich Hotelbuchungen heutzutage zum Glück sehr unproblematisch.

Obwohl Luxemburg - wie auch der Camino - international, lebendig und mit jungen Menschen gefüllt war, bot es ein absolutes Kontrastprogramm. Die Stadt machte einen reichen, aufgeräumten Eindruck. Kein Haus war verfallen, keine Wand mit Graffiti besprüht, kein Müll auf den Straßen vorzufinden. Auf keinem Grünstreifen war Unkraut zu sehen, und selbst die Baustellen schienen aufgeräumt zu sein. Für mein Empfinden war Luxemburg schon fast zu perfekt.

Der Auslage einer Nobel-Boutique entnahm ich, dass die Ausstattung einer Schaufensterpuppe mit Tasche und

Schuhen gut 15 000 Euro kosten sollte. Ich dachte an die Bäuerin, die ich auf dem Camino getroffen hatte. Würde es sie glücklich machen, diese Dinge zu besitzen?

Dann hieß es: Auf nach Hause! Nur noch knappe fünf-hundert Kilometer waren es. Eine gewisse Vorfreude machte sich bemerkbar. Fast vier Wochen waren wir un-terwegs gewesen. Eine erlebnisreiche und spannende Reise lag hinter uns. Und dann hatten wir es geschafft. Wir waren wieder daheim.

Fazit

Bekannte von mir, die in den Ruhestand gegangen sind, haben große Reisen unternommen und zahlreiche Ein-drücke mit nach Hause gebracht. Sie haben faszinieren-de Städte besucht, Rundreisen durchgeführt und interes-sante Besichtigungen erlebt. Alles sehr aufregend, span-nend und mit meiner Wanderung überhaupt nicht zu ver-gleichen.

Vom Pilgern gibt es nicht so ganz viel zu erzählen. Der Alltag ist relativ bescheiden. Aufstehen, tagsüber wan-dern, nachmittags zurück und abends recht früh ins Bett. Nur kleine Abwechslungen unterbrechen den Ablauf, wie der Austausch mit anderen PilgerInnen und das Zusam-mensein mit meinem Mann. Keine Theaterbesuche, kei-ne kulturellen Veranstaltungen, keine Gesellschaften – eigentlich alles ganz einfach.

Und trotzdem – oder gerade deshalb – ist das Pilgern etwas ganz Besonderes. Es waren vor allem die kleinen, unspektakulären Begebenheiten, die diesen Weg so einzigartig machten, dass ich sagen möchte: Bislang war kein Urlaub so ereignisreich und so nachhaltig wie dieser Pilgerweg.

„Bist du religiös geworden?", fragte mich meine Schwester, als wir auf dem Rückweg eine Pause bei ihr einlegten. Diese Frage konnte ich verneinen.

Genau wie ich waren viele Nicht- und Anders- Gläubige auf dem Camino unterwegs, die nicht an die Wunder des Heiligen Jakobs glaubten. So verschieden sie waren, die Japaner, Israelis, Italiener, Rumänen oder deutschen Lutheraner, so sehr variierten auch ihre Motive, den Camino zu laufen. Es war spannend, auf diesem Weg zu wandern und so vielen interessanten Menschen zu begegnen. Mein Verhältnis zur Kirche hat sich durch das Pilgern nicht geändert. Aber der Jakobsweg hat mich gelehrt, Dinge bewusster wahr zu nehmen.

Ob ich den Camino noch einmal gehen würde? Spontan würde ich es bejahen, und mein Mann wäre sofort wieder dabei. Würde ich erneut wandern, müsste es wieder der Camino de Santiago sein. Ich würde in den Pyrenäen beginnen. Ob es tatsächlich stattfinden wird, bleibt abzuwarten.

Kreuz

„Was ist mit dem Kreuz?", wurde ich häufig gefragt. Gemeint ist das kleine, weiße Kreuz, das ich in O Cebreiro von der unbekannten Frau in die Hand gedrückt bekommen hatte.

Wie berichtet, hatte ich es an meinen Schrittzähler gebunden. Dadurch war es zu meinem ständigen Begleiter auf dem Camino geworden.

Als wir in Santiago waren, brauchte ich den Schrittzähler bei den Besichtigungen in der Stadt nicht mehr und legte ihn zu den Wandersachen. Das Kreuz jedoch befestigte ich an ein breites, grünes Armband, welches ich in Santiago gekauft habe. Ich konnte das Kreuz unter das Armband schieben, sodass es für andere nicht sichtbar war.

Der Widerspruch in meinem Handeln ist mir bewusst: Kirche und Religion skeptisch gegenüberstehen, aber ein Kreuz tragen wollen.

Ich sah es ebenso wie die Bohne des Bauern und den Spruch vom Priester als Geschenk an. Sie haben einen besonderen Platz eingenommen. Ich wollte und konnte sie nicht einfach weglegen oder entsorgen. Stattdessen bewahre ich sie auf, um die mit ihnen verbundenen Begebenheiten in guter Erinnerung zu behalten.

Das Kreuz hat mich auf meiner gesamten Pilgerstrecke begleitet. Als wir jedoch abends zu Hause ankamen, legte ich das Armband ab – und das Kreuz war nicht mehr da! Ich schaute im Wagen, auf dem Gehweg, in der Reisetasche, in meinen Hosentaschen nach, doch es war nicht zu finden.

Am nächsten Tag überprüften wir alles noch einmal. Nichts! Es blieb dabei. Das Kreuz war unauffindbar.

Der Verlust stimmte mich schon etwas traurig, hatte es mich doch so lange begleitet. Hier zu Hause sollte Schluss sein? Sollte mir das nun auch wieder etwas sagen?

Ein Ersatz-Kreuz kam für mich nicht in Frage. Es ging ja nicht um ein beliebiges Kreuz, welches man überall kaufen kann. Dieses verlorene Kreuz hatte eine Geschichte.

Ich tröstete mich mit dem Gedanken, dass eine andere Person es möglicherweise finden und zu ihrem Begleiter machen würde.

Literatur

Thomas Schröder

Nordspanien Michael Müller Verlag 8. Auflage 2014

Stefan Lenz, Eva -Maria Triodl

Die schönsten Touren   Spanischer Jakobsweg

Bruckmanns Wanderführer 2011

Tobias Büscher

Galicien & Jakobsweg   Dumont Auflage 2014

Hape Kerkeling

Ich bin dann mal weg   Meine Reise auf dem Jakobsweg

Piper Verlag 2009

Dank

Ein herzlicher Dank geht an meine Schwester Ulla, an meine Nachbarin Elke sowie an die Co-AutorInnen des ersten gemeinsamen Buches, Anemone und Berend. Sie alle haben mich in meinem Vorhaben, dieses Buch zu schreiben, unterstützt und bestärkt. Ein besonderer Dank gilt meinem Mann Wolfgang.

FSC
www.fsc.org
MIX
Papier | Fördert
gute Waldnutzung
FSC® C083411

Zeitfracht Medien GmbH
Ferdinand-Jühlke-Straße 7
99095 Erfurt, Deutschland
produktsicherheit@kolibri360.de